Dispositions relatives

à la

Délégation des Ouvriers et Ouvriers auxiliaires

de la

Ville de Mulhouse (Haut-Rhin)

Bestimmungen

für den Ausschuss der städtischen Arbeiter

und Hilfsarbeiter von Mulhouse (H^t-Rhin)

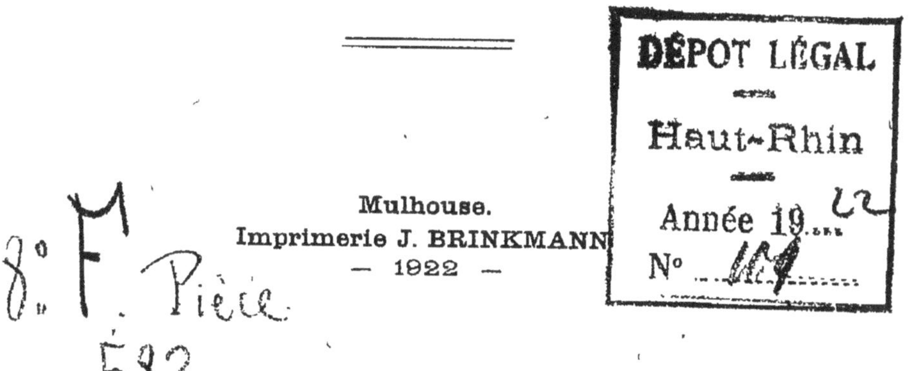

Mulhouse.
Imprimerie J. BRINKMANN
— 1922 —

Dispositions relatives

à la

Délégation des Ouvriers et Ouvriers auxiliaires

de la

Ville de Mulhouse (Haut-Rhin)

Bestimmungen

für den Ausschuss der städtischen Arbeiter

und Hilfsarbeiter von Mulhouse (H^t-Rhin)

Mulhouse.
Imprimerie J. BRINKMANN
— 1922 —

Dispositions relatives

à la Délégation des Ouvriers et Ouvriers
auxiliaires

de la Ville de Mulhouse (H^t-Rhin)

But de la Délégation

Article premier.

La délégation des ouvriers municipaux
poursuit deux buts. D'une part, elle devra aider
et conseiller l'administration en tant que celle-
ci la consultera dans les questions touchant
les ouvriers et leur service. D'autre part, elle
devra servir d'intermédiaire aux ouvriers dans
la transmission de leurs désiderata, plaintes,
requêtes, demandes de secours et autres, pour
les soumettre à l'Administration ou au chef de
service.

La délégation veillera, en outre, à ce que
les relations entre l'administration et le corps
des ouvriers ne soient pas troublées ; elle se
charge d'intervenir elle-même dans les cas où
la conduite d'un ouvrier serait de nature à
miner ou à diminuer le prestige du corps des
ouvriers tant auprès de l'Administration qu'auprès de la population.

La délégation pourra, sur sa demande,
consulter à tout moment les dossiers des ouvriers avec leur consentement.

Membres de la Délégation

Article 2.

Les membres de la délégation, ainsi que
leurs suppléants, ne pourront être élus qu'à la

Bestimmungen
für den Ausschuß der städtischen Arbeiter und Hilfsarbeiter von Mulhouse (Haut-Rhin)

Zweck des Ausschusses.

§ 1.

Der Arbeiterausschuß hat einen doppelten Zweck. Einerseits soll er der Verwaltung unterstützend zur Seite stehen insofern, als er von dieser in Fragen gutachtlich gehört wird, welche die Arbeiter und deren Dienst berühren. Andererseits ist den städtischen Arbeitern Gelegenheit zu bieten, durch Vermittelung des Ausschusses, Wünsche, Beschwerden, Anträge, Unterstützungs- und andere Gesuche der Verwaltung oder dem betreffenden Betriebsvorsteher zu unterbreiten.

Der Ausschuß hat ferner zur Aufgabe, für ein gutes Verhältnis zwischen Stadtverwaltung und Arbeiterschaft Sorge zu tragen und selbst einzuschreiten, wenn das Verhalten eines Arbeiters dem Ansehen der Arbeiterschaft bei der Verwaltung und der Bevölkerung schaden könnte.

Dem Ausschuß ist auf Verlangen jederzeit Einblick in die diesbezüglichen Akten des Arbeiters mit dessen Einwilligung zu gestatten.

Mitglieder des Ausschusses.

§ 2.

Die zu wählenden Mitglieder des Arbeiterausschusses und die Ersatzmänner müssen mindestens 25

condition d'avoir 25 ans au moins et d'être occupés au service de la Ville en qualité d'ouvrier ou ouvrier auxiliaire depuis 1 an au minimum ; le nombre des membres suppléants est égal à celui des membres de la Délégation.

Composition de la Délégation

Article 3.

Autant que faire se pourra, tous les services de l'Administration devront être représentés au sein de la Délégation.

Sont à élire un membre et un membre suppléant pour un nombre de 40 ouvriers ou ouvriers auxiliaires. Chaque service élira toutefois au moins un membre et un membre suppléant.

Le nombre des membres et membres suppléants à élire par chaque service sera fixé par le maire sur la base du nombre des électeurs y occupés et sera communiqué aux ouvriers électeurs 4 semaines au moins avant la date de l'élection.

Election de la Délégation

Article 4.

Les membres de la Délégation, ainsi que les suppléants, sont élus par les ouvriers et ouvriers auxiliaires, au moyen du vote secret ; la durée de leur mandat est de deux ans.

Les membres de la Délégation sont rééligibles.

La durée du mandat du président, du vice-président et des deux secrétaires est de deux ans également. Les présidents et les secrétaires sont nommés parmi les membres de la Délégation et choisis par eux.

Jahre alt und seit mindestens 1 Jahr im städtischen Dienste als Arbeiter oder Hilfsarbeiter beschäftigt sein. Außerdem wird eine der Zahl der Ausschußmitglieder gleiche Zahl von Ersatzmännern gewählt.

Zusammensetzung des Ausschusses.

§ 3.

In dem Arbeiterausschuß sollen tunlichst alle Dienstzweige der Verwaltung vertreten sein.

Auf je 40 Arbeiter und Hilfsarbeiter ist durchschnittlich je 1 Ausschußmitglied und ein Ersatzmann zu wählen, für jeden Betrieb jedenfalls mindestens ein Mitglied und ein Ersatzmann.

Die Zahl der in den einzelnen Betrieben zu wählenden Mitglieder und Ersatzmänner setzt der Bürgermeister auf Grund der Zahl der in den Betrieben beschäftigten wahlberechtigten Arbeiter und Hilfsarbeiter fest. Diese Zahl ist den Arbeitern mindestens 4 Wochen vor Stattfinden der Wahl bekannt zu geben.

Wahl des Ausschusses.

§ 4.

Die Mitglieder und die Ersatzmänner werden von den Arbeitern und Hilfsarbeitern jeweils auf die Dauer von 2 Jahren in geheimer Wahl bestimmt.

Eine Wiederwahl ist statthaft.

Die Vorsitzenden und Schriftführer werden auf die gleiche Amtsdauer von dem Ausschuß aus seiner Mitte heraus gewählt.

Scheidet ein Ausschußmitglied aus dem städtischen Dienst aus, so erlischt seine Mitgliedschaft im Ausschusse. An seine Stelle tritt dann ein von diesem Betrieb gewählter Ersatzmann.

Au cas où un membre de la Délégation quitterait le service de la Ville, son mandat serait nul de plein droit. Il serait remplacé par le membre suppléant.

Les opérations électorales s'effectueront en conformité avec les « Dispositions relatives à l'élection des membres de la Délégation et de leurs suppléants » ci-annexées.

Sont électeurs tous les ouvriers et ouvriers auxiliaires âgés de 21 ans révolus, occupés à la Ville depuis au moins un an sans interruption, toutefois, ils ne seront éligibles que lorsqu'ils remplissent les conditions prévues à l'article 2 des présentes dispositions.

Il devra être procédé à des élections complémentaires pendant la période du mandat de deux ans si le nombre des membres de la Délégation se trouve réduit aux 3/5, et si les suppléants ne suffisent pas à combler les vides. Dans ce cas, seuls les services ayant perdu leurs représentants par suite de démission, d'exclusion ou par la mort, seront appelés aux opérations électorales.

Règlement intérieur de la Délégation

Article 5.

Après l'élection, les membres élus seront convoqués sans retard par les soins du Président de l'ancienne Délégation, aux fins de la désignation d'un président, d'un vice-président, d'un secrétaire et de deux membres devant former le comité-directeur.

Article 6.

Les réunions de la Délégation sont dirigées par le président. Les convocations renfermant l'ordre du jour devront parvenir en temps utile aux membres, et en cas d'empêchement à leurs suppléants.

Die Wahlen finden nach Maßgabe der ange=
schlossenen „Bestimmungen über die Wahl der Mit=
glieder des Ausschusses und Ersatzmänner" statt.

Wahlberechtigt sind alle Arbeiter und Hilfsarbei=
ter, sofern sie das 21. Lebensjahr zurückgelegt haben
und seit mindestens einem Jahre ununterbrochen bei
der Stadt beschäftigt sind; wählbar sind sie jedoch
nur unter den in § 2 der Bestimmungen geltenden
Voraussetzungen.

Innerhalb der 2jährigen Amtsdauer müssen Er=
gänzungswahlen stattfinden, wenn die Zahl der Aus=
schußmitglieder sich auf $^3/_5$ vermindert hat und Er=
satzmänner nicht mehr in genügender Zahl vorhan=
den sind. Bei der Ergänzungswahl werden dann
nur diejenigen Betriebe berücksichtigt, die wirklich
Mitglieder oder Ersatzmänner durch freiwilligen Aus=
tritt, Ausschluß oder Tod verloren haben.

Geschäftsordnung des Ausschusses.

§ 5.

Nach erfolgter Wahl beruft der Vorsitzende des
alten Ausschusses die Gewählten und veranlaßt sie
zur Wahl eines Vorsitzenden, eines Stellvertreters,
eines Schriftführers sowie zweier Mitglieder zur
Bildung der Geschäftskommission.

§ 6.

Der Vorsitzende eröffnet, leitet und schließt die
Sitzungen. Zu diesen sind die Mitglieder und in
deren Behinderungsfall die betreffenden Ersatzmän=
ner unter Angabe der Tagesordnung rechtzeitig
schriftlich einzuladen.

Im Falle der Verhinderung oder des Abganges
des Vorsitzenden und des stellvertretenden Vor=

Au cas où le président et le vice-président seraient empêchés d'exercer leurs fonctions par suite de démission ou pour d'autres motifs, les attributions du président passeraient jusqu'à l'élection d'un nouveau président à un autre membre choisi parmi la Délégation.

Article 7.

Les membres suppléants sont appelés à remplacer les membres en cas d'empêchement et à faire partie de la Délégation en remplacement de membres démissionnaires ou décédés.

Ils seront convoqués aux réunions en remplacement de membres ayant avisé en temps utile le président de leur empêchement.

La nomination de membres suppléants aux fonctions de membres en remplacement de membres démissionnaires ou décédés appartient au président.

Article 8.

Les réunions de la Délégation ont lieu en cas de besoin. Une réunion devra être convoquée au cas où la moitié des membres la demanderait en indiquant l'objet de la délibération. La Délégation devra être convoquée également sur la demande de M. le Maire. Dans tous les cas, M. le Maire devra être informé de toutes les convocations et l'ordre du jour devra lui être soumis chaque fois, afin que l'Administration soit en mesure de déléguer son représentant à la séance. Les réunions de la Délégation devront avoir lieu pendant les heures de service pour autant que des raisons de service le permettent.

Des retenus de salaire ne pourront être effectuées de ce fait. Il ne sera, d'autre part, alloué aucune indemnité spéciale dans le cas où les séances dureront au delà des heures de travail réglementaires.

sitzenden gehen die Befugnisse des Vorsitzenden bis
zur Ersatzwahl auf ein anderes vom Arbeiterausschuß zu bestimmendes Mitglied über.

§ 7.

Die Ersatzmänner haben die Ausschußmitglieder
in Fällen von Verhinderung zu vertreten und an die
Stelle von ausgeschiedenen Mitgliedern in den Ausschuß einzutreten.

Sie werden zu den Sitzungen des Arbeiterausschusses dann einberufen, wenn Mitglieder vorher
ihre Abwesenheit mitgeteilt haben.

Die Einberufung von Ersatzmännern zum Ein-
tritt in den Ausschuß an Stelle von ausgeschiedenen
Mitgliedern hat der Vorsitzende des Ausschusses zu
veranlassen.

§ 8.

Die Sitzungen finden nach Bedürfnis statt. Wenn
die Hälfte der Mitglieder des Ausschusses eine solche
unter Angabe der Beratungsgegenstände beantragt,
so muß diesem Antrag stattgegeben werden. Außerdem muß der Ausschuß einberufen werden, sobald es
der Herr Maire verlangt. In jedem Falle soll vor
Einberufung des Ausschusses der Herr Maire unter
Vorlage der jeweiligen Tagesordnung verständigt
werden, damit die Verwaltung ihren Vertreter zur
Sitzung entsenden kann. Die Sitzungen sollen, so-
weit es sich mit dem dienstlichen Interesse verein-
baren läßt, in die Dienststunden gelegt werden.

Lohnkürzungen finden aus diesem Anlasse nicht
statt. Entschädigungen für über die Arbeitszeit hin-
aus dauernde Sitzungen werden keine gewährt.

Article 9.

Les décisions de la Délégation sont prises à la majorité des votants.

En cas de partage, la demande est considérée comme repoussée. Il devra être procédé au vote par le scrutin secret, si trois membres présents le réclament. Le quorum est atteint par la présence d'au moins la moitié des membres ou des suppléants en fonctions.

Le représentant délégué par M. le Maire assiste aux séances de la Délégation avec voix consultative.

Sur la proposition de la Délégation, les délégués des organisations ouvrières sont à admettre avec voix consultative aux séances.

La Délégation est autorisée d'imposer à ses membres, dans des cas spéciaux, la discrétion absolue ; un membre qui, dans ces cas, commettrait une indiscrétion pourrait être exclu de la Délégation. Aucun membre de la Délégation ne peut prendre part aux délibérations ayant trait à des affaires dans lesquelles il est intéressé.

Article 10.

Seules les questions figurant à l'ordre du jour pourront faire l'objet des délibérations de la Délégation.

Les décisions prises par la Délégation sont à enregistrer par le secrétaire dans un registre spécial ; les procès-verbaux sont à signer par le président et le secrétaire, et à communiquer à la Délégation lors de la prochaine réunion.

Le procès-verbal de chaque réunion devra être soumis à M. le Maire dans un délai de huit jours après la réunion.

§ 9.

Die Beschlüsse des Ausschusses erfolgen mit Stimmenmehrheit. Bei Stimmengleichheit gilt der Antrag als abgelehnt. Geheime Abstimmung findet statt, wenn dies von mindestens 3 anwesenden Mitgliedern beantragt wird. Der Ausschuß ist beschlußfähig, wenn mindestens die Hälfte der im Amte befindlichen Mitglieder bezw. Ersatzmänner anwesend sind.

Der vom Herrn Maire zu den Ausschußsitzungen entsandte Vertreter hat beratende Stimme.

Auf Antrag des Ausschusses wird den Vertretern der Organisationen der Zutritt mit beratender Stimme gestattet.

Der Ausschuß ist befugt, seinen Mitgliedern in einzelnen Fällen über die Verhandlungen Verschwiegenheit aufzuerlegen, deren Bruch durch Ausschluß aus dem Arbeiterausschuß bestraft werden kann. Ein Ausschußmitglied, das bei den Verhandlungen persönlich beteiligt ist, hat während der Beratung des betr. Punktes die Sitzung zu verlassen.

§ 10.

In den Ausschußsitzungen kann nur über solche Angelegenheiten verhandelt werden, die auf der Tagesordnung stehen.

Ueber die Beschlüsse des Ausschusses wird vom Schriftführer Protokoll geführt. Die Protokolle sind nach der Zeitfolge in ein Buch einzutragen, von dem Vorsitzenden und dem Schriftführer zu unterzeichnen und in der nächstfolgenden Sitzung zur Kenntnis des Ausschusses zu bringen.

Innerhalb 8 Tagen nach jeder Sitzung hat der Vorsitzende dem Herrn Maire das Protokoll vorzulegen.

Article 11.

Les décisions prises par l'Administration à la suite de demandes soumises par la Délégation devront être signifiées au président de la Délégation dans un délai de quatre semaines si possible.

Dispositions

relatives à l'Election des Membres et Membres suppléants de la Délégation des Ouvriers et Ouvriers auxiliaires de la Ville de Mulhouse.

Article premier.

L'élection à la Délégation des ouvriers a lieu par le vote secret au moyen du scrutin de liste. A cet effet, le secrétaire général dressera une liste qui devra renfermer les noms des ouvriers, ouvriers auxiliaires et ouvrières ayant la qualité d'électeur et qui sont éligibles.

La liste devra être déposée pendant huit jours au moins à la disposition des électeurs.

Article 2.

Les lieu et jour de l'élection sont publiés par M. le Maire au moins quatre semaines à l'avance dans les formes indiquées.

§ 11.

Dem Vorsitzenden des Arbeiterausschusses werden die Entscheidungen, welche auf Grund der von ihm gestellten Anträge seitens der Verwaltung getroffen werden, durch den Herrn Maire in kürzester Frist, möglichst innerhalb 4 Wochen, schriftlich bekannt gegeben.

Bestimmungen

über die Wahl der Mitglieder und der Ersatzmänner für den Ausschuß der städtischen Arbeiter und Hilfsarbeiter der Stadt Mulhouse (Haut-Rhin)

§ 1.

Die Wahl zum Arbeiterausschuß erfolgt geheim mittels Stimmzettel auf Grund einer vom Secrétaire Général de la Mairie aufzustellenden Wählerliste, welche die für den Ausschuß in Betracht kommenden wahlberechtigten und wählbaren Arbeiter, Hilfsarbeiter und Arbeiterinnen enthält.

Die Wählerliste ist mindestens während 8 Tagen zur Einsichtnahme durch die Wahlberechtigten auszulegen.

§ 2.

Ort und Zeit der Wahl wird durch den Herrn Maire bestimmt und mindestens 4 Wochen vorher in geeigneter Weise bekannt gegeben.

Les élections se feront sous la direction d'un bureau électoral, composé du président ou vice-président de la Délégation, ainsi que de deux assesseurs nommés par la Délégation.

En outre, deux ouvriers sont adjoints au bureau électoral.

Article 3.

Les propositions relatives à l'élection sont à soumettre à M. le Maire assez tôt, afin qu'elles puissent être portées à la connaissance des ouvriers par voie d'affichage dans les différents services, au moins huit jours avant la date de l'élection.

Article 4.

L'élection de tous les membres de la Délégation, ainsi que de leurs suppléants, a lieu en un tour de scrutin, mais séparément pour chaque service. Les bulletins de vote doivent renfermer en conséquence autant de noms qu'il y a de membres et de suppléants à élire. Les électeurs remettront personnellement au président du bureau leurs bulletins fermés ; après avoir constaté le droit de vote de l'électeur, le président dépose le bulletin dans l'urne électorale.

L'opération du dépouillement et la proclamation du résultat s'effectuent immédiatement après la clôture du scrutin. Ne sont pas valables les bulletins qui ne seraient pas de papier blanc, ceux portant des signes extérieurs de reconnaissance, ou sur lesquels les électeurs se seraient fait connaître, et enfin ceux qui ne désignent pas suffisamment le candidat élu ou qui contiendraient des noms de personnes non éligibles. En tant que les deux motifs d'invalidité cités en dernier lieu n'auraient trait qu'à l'un ou l'autre des noms inscrits, le bulletin serait valable en ce qui concerne les autres noms.

Die Wahlhandlung erfolgt unter Leitung eines Wahlvorstandes, der aus dem Vorsitzenden des Ausschusses oder des Stellvertreters und zwei weiteren vom Ausschuß gewählten Mitgliedern zu bilden ist. Dem Wahlvorstand werden ferner zwei Arbeiter beigegeben.

§ 3.

Die Wahlvorschläge müssen so frühzeitig an den Herrn Maire eingereicht werden, daß sie noch mindestens 8 Tage vor der Wahl in jedem Betrieb angeschlagen werden können.

§ 4.

Die Wahl erfolgt für sämtliche Ausschußmitglieder und Ersatzmänner in einem Wahlgange, jedoch getrennt nach den einzelnen Betrieben. Die Stimmzettel haben deshalb ebensoviele Namen zu enthalten, als Ausschußmitglieder und Ersatzmänner zu wählen sind. Die Stimmzettel sind von den Wählern in verschlossenen Couverts dem Wahlleiter persönlich zu übergeben, welcher dieselben in die Wahlurne legt, nachdem die Berechtigung der Wählenden aus der Wählerliste festgestellt ist.

Unmittelbar nach Ablauf der für die Wahl bestimmten Zeit stellt der Wahlvorstand das Ergebnis der Wahl fest. Ungültig sind Stimmzettel, die nicht von weißem Papier sind, oder die ein äußeres Kennzeichen haben und ferner solche, die von den Wählern unterschrieben sind, die Person des Gewählten nicht deutlich erkennen lassen, oder nicht wählbare Personen enthalten. Gelten die beiden letzten Ungültigkeitsmerkmale nur für einzelne Namen, so ist der Stimmzettel hinsichtlich der übrigen Namen gültig. Stehen mehr Namen auf einem Stimmzettel, als

Sur les bulletins portant plus de noms qu'il n'y a de membres et de suppléants à élire, les derniers noms inscrits au delà de ce nombre ne sont pas comptés. Les bulletins renfermant moins de noms qu'il n'y a de membres à élire sont valables.

Sont proclamés élus les candidats ayant obtenu la majorité des suffrages exprimés ; en cas d'égalité de voix, le président du bureau électoral tirera au sort le nom du candidat élu. Dans le cas où plusieurs listes de candidats seraient présentées dans un service ayant à élire au moins deux membres et deux suppléants, l'élection sera à effectuer de telle façon que la représentation proportionnelle soit assurée. Le Maire réglera le mode d'élection avant les opérations électorales.

Le président dressera un procès-verbal sur le résultat du scrutin.

Ce procès-verbal, auquel les bulletins déclarés non valables devront être joints, est à soumettre à M. le Maire au plus tard le jour après l'élection.

Article 5.

Seuls les électeurs ont le droit d'arguer de nullité les opérations électorales, ceci dans un délai de 5 jours après l'élection. La demande y relative devra être adressée à M. le Maire, qui en décidera définitivement.

Article 6.

Au cas où il serait fait droit à la réclamation, les électeurs devront être convoqués à un deuxième tour de scrutin par le président du bureau électoral (art. 2) dans un délai d'une semaine.

Article 7.

La liste électorale ayant servi à l'élection principale servira également aux élections complémentaires ; toutefois, dans ce cas, les chan-

Mitglieder bezw. Ersatzmänner zu wählen sind, so
werden die über die Zahl der zu Wählenden hinaus=
gehenden, zuletzt eingeschriebenen Namen nicht ge=
zählt. Stimmzettel, die weniger Namen enthalten,
als Personen zu wählen sind, sind gültig. Gewählt
sind diejenigen, welche die Mehrheit der gültig abge=
gebenen Stimmen erhalten haben. Bei Stimmen=
gleichheit entscheidet das vom Wahlleiter zu ziehende
Los. In den Betrieben, in welchen mindestens
2 Mitglieder und 2 Ersatzmänner zu wählen sind,
wird, falls mehrere Kandidatenlisten vorliegen, nach
einem vom Herrn Maire vor der Wahl näher zu be=
stimmenden Proportionalsystem gewählt. Der Wahl=
vorstand hat über das Ergebnis ein Protokoll aufzu=
stellen und dieses nebst den von ihm für ungültig er=
klärten Stimmzettel spätestens am Tage nach der
Wahl dem Herrn Maire zu übersenden.

§ 5.

Einsprüche gegen die Gültigkeit der Wahl können
nur von Wahlberechtigten erhoben werden und sind
spätestens innerhalb 5 Tagen nach der Wahl bei dem
Herrn Maire vorzubringen, welcher endgültig da=
rüber entscheidet.

§ 6.

Wird Einsprüchen gegen die Wahl stattgegeben
oder wird diese beanstandet, so hat der Wahlleiter
(§ 2) innerhalb einer Woche eine zweite Wahlhand=
lung anzuberaumen.

§ 7.

Für Ersatzwahlen kommt die bei der Hauptwahl
benützte, jedoch nach den inzwischen eingetretenen
Aenderungen ergänzte und berichtigte Wählerliste zur

gements intervenus entre-temps devront y être mentionnés. Les dispositions qui précèdent sont applicables aux élections complémentaires.

Article 8.

La liste des membres et des membres suppléants élus est à porter à la connaissance des ouvriers par voie d'affichage dans les différents services aussi tôt que faire se peut.

Disposition finale

Les membres de la Délégation ou leurs suppléants qui ne se conformeraient pas aux dispositions ci-dessus ou qui les transgresseraient, ainsi que ceux qui auraient manqué sans excuse sérieuse à plus de trois réunions consécutives de la Délégation, pourront, sur la demande de la Délégation, être déchus de leurs mandats par décision de M. le Maire.

Anwendung. Im übrigen gelten für solche Ersatzwahlen die vorhergehenden Bestimmungen.

§ 8.

Die Namen der Gewählten werden möglichst bald
nach der Wahl durch Anschlag in den Betrieben bekannt gegeben.

Schluß-Bestimmung.

Ausschußmitglieder oder Ersatzmänner, welche
den vorstehenden Bestimmungen nicht nachkommen
oder denselben zuwiderhandeln, oder welche in mehr
als drei aufeinanderfolgenden Sitzungen ohne ge-
nügenden Grund und ohne Entschuldigung fehlen,
können auf Vorschlag des Ausschusses durch den Herrn
Maire des Amtes enthoben werden.